Regeln

DIE 1. REGEL LAUTET:
ES GIBT KEINE REGELN

DIE 2. REGEL LAUTET:
ES GIBT KEINE REGELN

DIE 3. REGEL LAUTET:
SOLLTE DIR ETWAS UNKLAR SEIN,
HÖRE AUF DEIN BAUCHGEFÜHL

4. REGEL:
HAB SPAß, SEI KREATIV, SEI OFFEN
FÜR ALLES

UND DIE 5. REGEL:
WER NEU IN KÖLN IST, MUSS DIE
AUFGABEN LÖSEN...

UUPS SORRY... DAS WAREN
DIE REGELN VOM FIGHT CLUB.

MACH's IN KÖLN

ALL YOU NEED IS LOVE ... AND ...

EIN BISSCHEN ZEIT
ABENTEUERLUST
EIN QUÄNTCHEN KREATIVITÄT
DEINE HÄNDE
ENTDECKERGEIST
NEUGIER (EINE PRISE)
LIPPENSTIFTLIPPEN
EINEN OFFENEN GEIST
TEE / KAFFEE
STIFTE (WIE KULIS + BLEISTIFTE)
SPONTANEITÄT
EIN BISSCHEN SELBSTBEWUSSTSEIN
EINEN FINGERHUT VOLL MUT
KEINE ANGST VOR FEHLERN
DEINEN FINGER
DEINE OHREN
EIN FAHRRAD
EINE SCHERE
KOHLE
EINEN DICKEN FILZSTIFT

MACH'S IN KÖLN

ES LIEGT IN DEINER HAND

MACH'S MIT HERZ

ILLUSTRATION
BJÖRN STEINMETZLER

MARCO POLO

MAG KEINEN REGEN

FINDET DICH GUT

LIEBT KÖLN

LIEBT KR∃ATIVITÄT

MAG KAFFEE

DIESES BUCH HAB' ICH NUR FÜR - DICH - GEMACHT

BJÖRN STEINMETZLER

VERVOLLSTÄNDIGE DIE LISTE

HAND AUFS HERZ

ALLER ANFANG IST SCHWER
... LEGE DEINE HAND AUFS HERZ
UND ZEICHNE SIE AB :)

Malen nach Zahlen

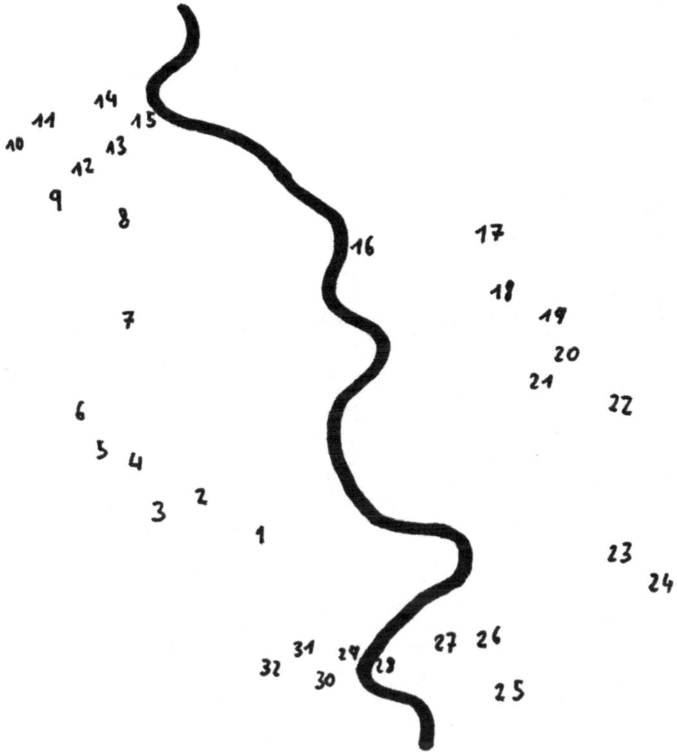
1
2
3
4
5
6
7
8
9
10
11
12
13
14
15
16
17
18
19
20
21
22
23
24
25
26
27
28
29
30
31
32

KÖLN

SCHREIBE GESCHICHTE
VEREWIGE DICH DAZU
AUF DER TITELSEITE
MIT EINEM PORTRÄT.
VERGISS DAS DATUM NICHT.

COLOGNE TIMES
HANDGEMACHT
MACH'S IN KÖLN
IST GANZ OBEN
AUF DER
BESTSELLERLISTE
DANK ....

ESPRESSONISMUS

NAGUT… ODER CHAI-LATTEISMUS

KLECKSE UND ERWECKE
DIE KLECKSE ZUM LEBEN

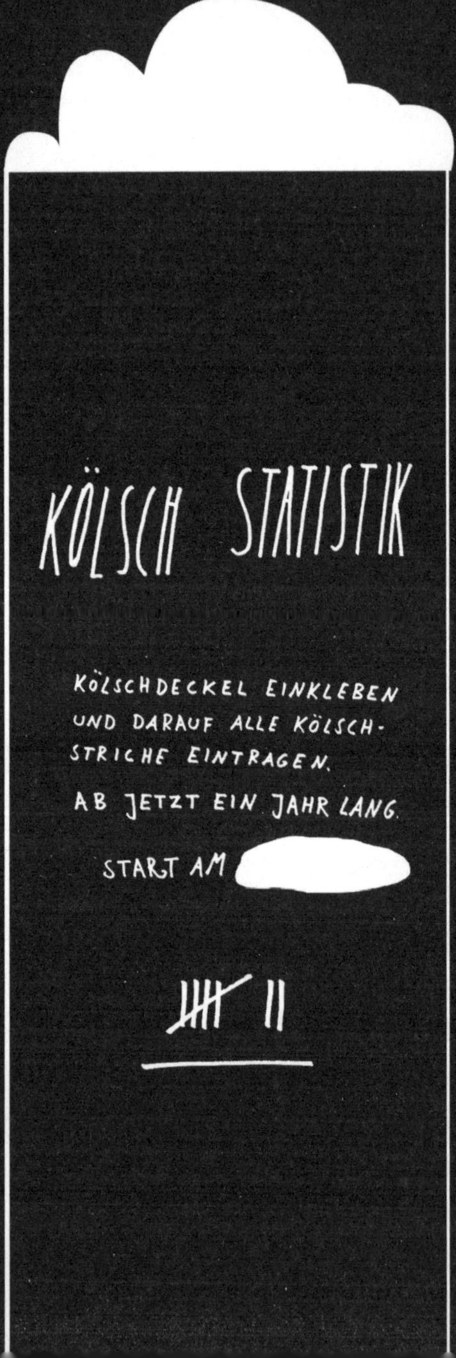
KÖLSCH STATISTIK
KÖLSCHDECKEL EINKLEBEN UND DARAUF ALLE KÖLSCH-STRICHE EINTRAGEN.
AB JETZT EIN JAHR LANG.
START AM

KÖLNER JESCHICHTEN

PORTRÄTIERE DEINE SITZNACHBARN
IM CAFÉ UND DENKE DIR SELBST
NAMEN & BERUFE FÜR SIE AUS.

NAME ALTER

LEBENSMOTTO

BERUF

MAG

MAG NICHT

NAME ALTER

LEBENSMOTTO

BERUF

MAG

MAG NICHT

NAME ALTER

LEBENSMOTTO

BERUF

MAG

MAG NICHT

ANARCHIE

REIß' DIE SEITE RAUS
... ES WINKT AUCH 'NE
ÜBERRASCHUNG

DENN WIE SAGT EIN ALTES
JAPANISCHES SPRICHWORT:
KEIN GEWINN
OHNE VERLUST.

VERBRENNE SIE JETZT

ÜBERRASCHUNG

deutsch türkische warheiten

TRINKE EINEN MOKKA UND KIPP' DEN KAFFEESATZ AUF DIE SEITE.

DEUTE IHN.

X

HIER

go with the Flow

KRITZLE * SCHREIBE * COLLAGIERE

MACH DIE SEITE VOLL

3 SÄTZE AUF KÖLSCH

DIE DU KENNEN SOLLTEST

VERSUCHE SIE IN

DEN NÄCHSTEN

3 STUNDEN

ZU BENUTZEN

ET KÜTT, WIE ET KÜTT.

ET ES WIE ET ES.

ET HÄTT NOCH IMMER JOT JEJANGE.

GESCHAFFT?

☐ ja ☐ nein ☐ vielleicht

Kennst **DU** andere typische Sätze op Kölsch?

SAMMEL SIE HIER

MEM MÖLLEMER BÖÖTCHE FAHRE MER SU JÄN

MALE EIN ECHTES
MÖLLEMER BÖÖTCHE
AUF DEN RHEIN

ES TRÄGT NATÜRLICH DEINEN NAMEN

AUF GRAAAS ... KLEBE HIER EINEN

SOLLTEST DU WIRKLICH ZU FAUL SE

... SIEHT AUS WIE KLAMMER AUF

GRASHALM AUS DEM VOLKSGARTEN EIN.

N, DARFST DU IHN AUCH ZEICHNEN

:)

Blumiger Niederschlag

FANGE EIN „STRÜSSJE"
AUF DEM KÖLNER KARNEVAL …

wieder keins gefangen?

DANN MALE DIR EINS

WENN DU'S BESONDERS GUT
MIT DIR MEINST – KLEB
BLÜTEN & BLÄTTER
DAZU.

IT WASN'T ME

MALE EINE COOLE MEXIKANISCHE WRESTLER-MASKE. IM NOTFALL TRAGE SIE ZU KARNEVAL.
EINFACH MIT DEM KOPIERER VERGRÖßERN, AUGENLÖCHER REIN, SCHNÜRE DRAN,

FERTIG

da irgendwo

CODEWORT HEIßES WACHS

BESTRAFE DIESE SEITE
MIT HEIßEN WACHSKLECKSEN.

*kribbel sie wieder ab
und gib' es ihr nochmal.*

MALE DIE
„KÖLNER RINGE."
UMKREISE DAZU
EINFACH DIESEN
TEXT, BIS ALLES
VOLL MIT RINGEN IST.

I ♥ COLOGNE

SCHREIBE & MALE DINGE,
DIE DU AN KÖLN MAGST :)

SCHATZSUCHE

VERGRABE IM PARK
EINEN SCHATZ.
ZEICHNE DIE KARTE FERTIG
UND HÄNGE SIE AN EINEN BAUM.

Beobachte und freu Dich mit dem Finder

TIME FOR HATERS

SCHREIBE & MALE, WAS DU AN KÖLN NICHT MAGST.

EHRENFELDER PARTY-NACHT

MACHE EINE CLUBTOUR DURCHS ANGESAGTE VEEDEL ... WIE VIELE BARS, CLUBS, KNEIPEN SCHAFFST DU?

TRAGE SIE EIN

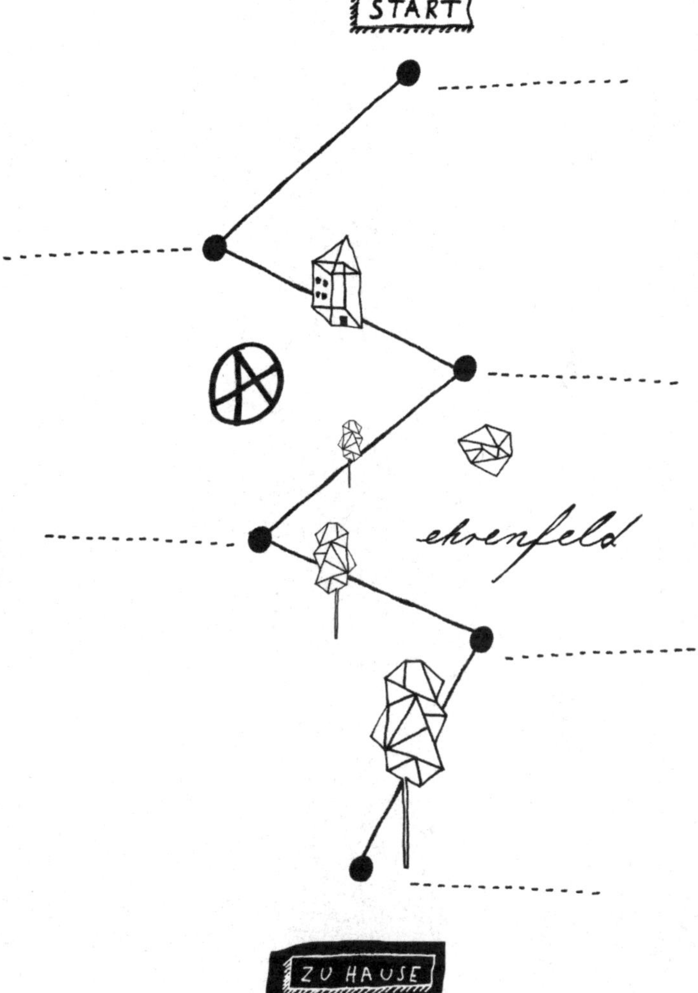
START
ehrenfeld
ZU HAUSE

Kölner han et Hätz
am richtigen Fleck.
Male die Seiten voll
mit Herzen ... oder

1 großes

ROCK 'N' ROLL

KLEBE EINE KONZERTKARTE EIN. FÄLSCHE DANN DAS AUTOGRAMM, FÜR DAS DU SOOO LANGE ANSTEHEN MUSSTEST. HA HAAA :)

BOB's BURGERS

BEWERTE
DIE
BURGERLÄDEN
KÖLNS
MIT
EINEM
FINGER-SOßEN-ABDRUCK.
ACH
JA,
ERSETZE
BOB
MIT
DEINEM
SCHÖNEN
NAMEN

<u>WIE?</u> DU FINDEST
SCHON (D)EINEN WEG :)

NAME

_ _ _ _ _ _ _ _ _ _ _

NAME

_ _ _ _ _ _ _ _ _ _ _

NAME

_ _ _ _ _ _ _ _ _ _ _

NAME

_ _ _ _ _ _ _ _ _ _ _

NAME

_ _ _ _ _ _ _ _ _ _ _

DAS APFELSCHORLEN DELIRIUM

SCHREIBE DAS NÄCHSTE MAL, WENN
DU ZUVIEL KÖLSCH (ODER APFELSCHORLE)
GETRUNKEN HAST AUF, WAS DIR GERADE
DURCH DEN KOPF GEHT.

BEGINNE HIER

KÖLNER LICHTER

MALE EINE RAKETE, DIE ABGEHT.

IN KAUFLAUNE
TACKE~~R~~R... 12.00
EINEN....... 2.50
BESONDERE~~R~~N. 1.50
EINKAUFSZETTEL
HIER.......... 5,-
HER.......... 2.50
ALS..... 100.00
SCHÖNE... 250.00
ERINNERUNG..
... ∞

Hier

DE KÖLSCHE PAPAJEI

MALE EINEN ECHTEN KÖLSCHEN PAPAGEI ... AUS

NIMM GRÜN, ER WIRD ES MÖGEN

1967 GELANG EINEM ABENTEUERLUSTIGEN BRUTPAAR HALSBANDSITTICHE DIE FLUCHT - HÖCHSTWAHRSCHEINLICH AUS DEM KÖLNER ZOO.- IN DER ZWISCHENZEIT LEBEN BUNDESWEIT 8500 QUIETSCHGRÜNE PLAPPERMÄULER - UNTER FREIEM HIMMEL, WOHLGEMERKT.

NICHT NUR EIN SCHNURRBART,
SONDERN EINE LEBENSEINSTELLUNG

DER SCHNÖRRES

Ausschneiden
Aufkleben
Bewundern lassen

I AM THE CHAMPION

GEWINNE EIN KIC~~K~~KERSPIEL.

TRAGE DEN SPIELSTAND EIN.

UND LASSE DEN LOSER UNTERZEICHNEN.

:

SPORTMUSEUM
– am Rhein –
(AUSTRAGUNGSORT)
ÜBE DEN BUCH-
WEITWURF…
TRAGE DIE WEITE
DEINER WÜRFE
EIN.
MESSE DICH MIT DEINEN
Freunden.

OLYMPISCHER BUCH-WEITWURF

FINALE

NAME				
WURF 1				
WURF 2				
WURF 3				
WURF 4				
WURF 5				

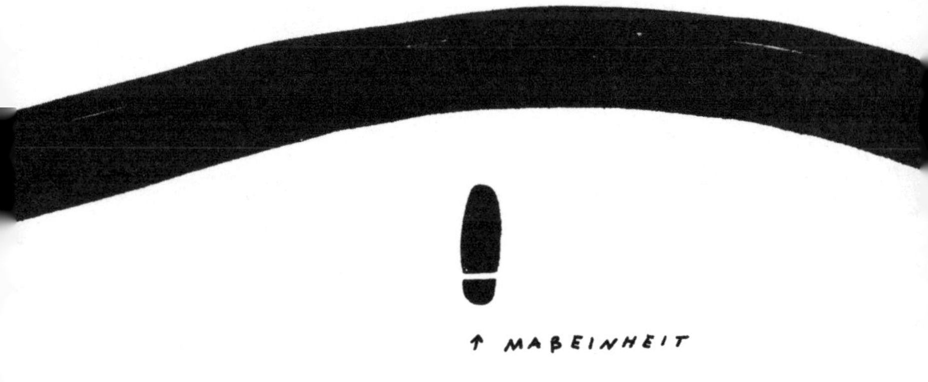

↑ MAẞEINHEIT

ICH ~ AUTOR

DU ROMANFIGUR

BEOBACHTE PASSANTEN, NOTIERE, DENKE AUFFÄLLIG NACH, MACHE SKIZZEN UND DENKE DIR EINE GESCHICHTE AUS. SCHREIB SIE AUF.

HAST WOHL 'N VOGEL

MACHE EINEN KLECKS MIT KAKAO UND LEGE EIN PAAR KUCHENKRÜMEL DAZU. LASSE DAS BUCH DANN OFFEN LIEGEN UND DIE SPATZEN IHRE ARBEIT TUN.

KUCHEN KRÜMEL
KAKAO

Dat Buch riecht nach

~ OMMA ~

Frag im 4711-Laden, ob du Du eine Probe für das Buch haben könntest. Benetze die Seite damit...

... und denke an Omma :)

ECHT KÖLNISCH WASSER
No 4711
SINCE 1792
EAU DE COLOGNE &
PARFÜMERIE FABRIK
GLOCKENGASSE N° 4711
KÖLN a. RH. /COLOGNE

KÖLN

DIE STADT DER TV-SENDER
UND TV-PRODUKTIONEN.
MALE EINEN FERNSEHER
ODER SCHNEIDE EINEN AUS
UND KLEBE IHN IN STILLEM
GEDENKEN AUF DIE SEITE.

R.I.P. QUALITY TV

AUSNAHMEN BESTÄTIGEN DIE REGEL:
DAS ZDF NEO MAGAZIN ROYAL WIRD
IN EHRENFELD AUFGEZEICHNET.

GROßES (TISCH) TENNIS
NUTZE DAS BUCH ALS
TISCHTENNISSCHLÄGER
UND ZOCK' DIE
HALB PROFIS IM PARK AB.

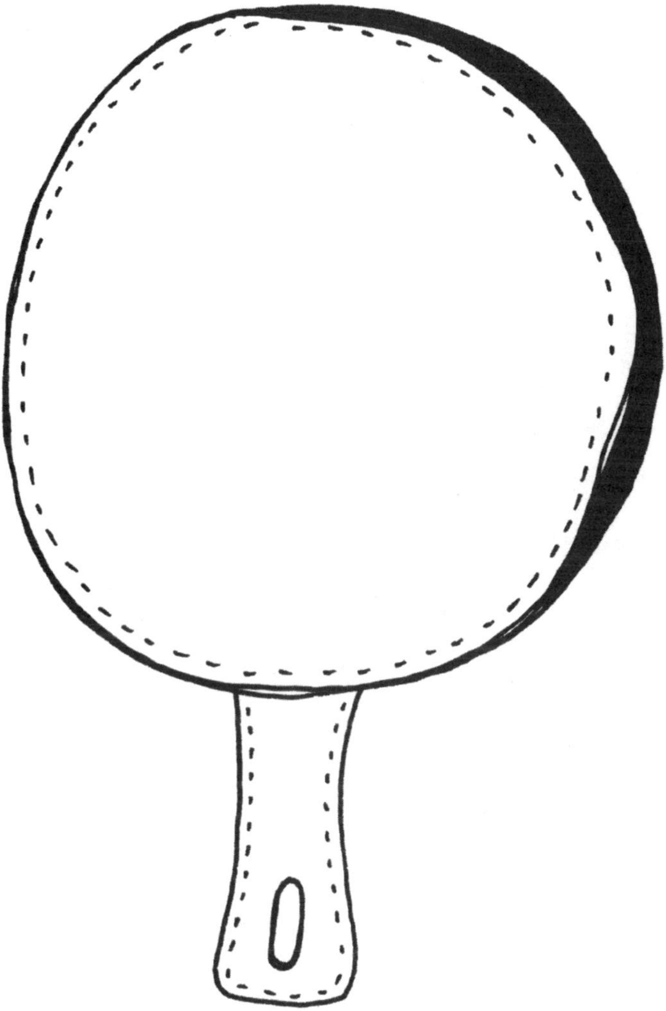

Dä Bützt

Küsse die Seite mit Lippenstift

ODER LASSE KÜSSEN.
VOLL AUF DIE MITTE

:*

PHOTOBOMBING AUF DER DOMPLATTE.
VERSUCHE, DICH AUF SOVIELE TOURI-SELFIES
WIE MÖGLICH ZU SCHMUGGELN.
NUTZE DAZU DEN LIKE THUMB.

Schokoladenseite
Gehe ins Schokoladenmuseum
und porträtiere
Deinen Tischnachbarn

MIT SCHOKOLADE

mmmh...

DADA

ZEICHNE
DEINEN
DA DA
VORFRÜHLING

GEBE
DEINEN
EXPONATEN
RÄTSELHAFTE
TITEL

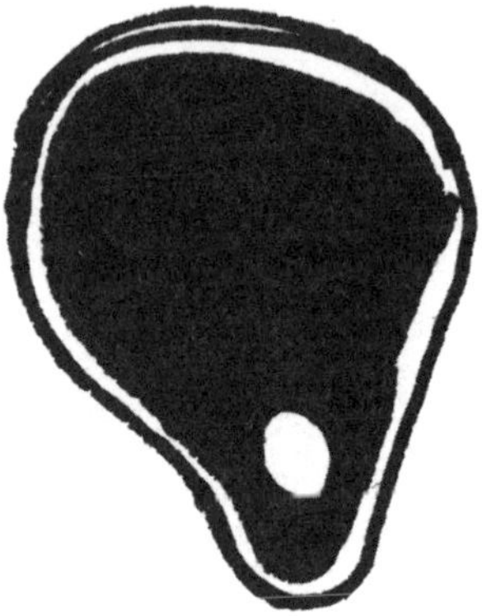

Bio-Hipster und fast vegan

Denk' (am besten im Café Rotkehlchen) sehnsüchtig an alte Zeiten und male die leckersten Fleischgerichte so appetitlich wie -DU- nur kannst.

FLASCHENPOST

SCHREIBE EINEN BRIEF
DIREKT IN DIE FLASCHE
AN DEN FINDER
DES BUCHES,
FALLS DU ES MAL
VERLIEREN SOLLTEST

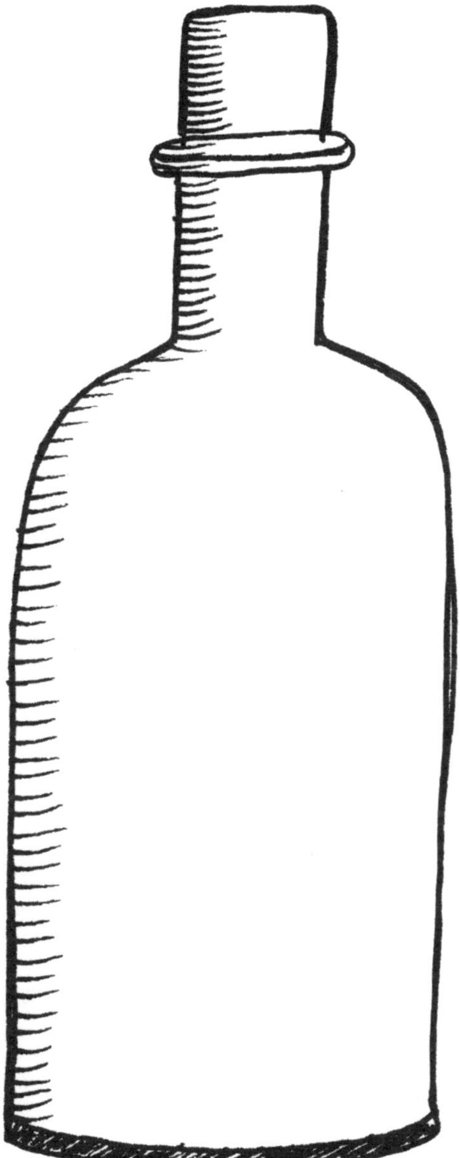

ICH DENKE, ALSO BIN ICH.
SCHREIBE AUF, WAS DU
GERADE DENKST.

MACH 'N HAKEN DRAN I.

GEHE AM RHEIN SPAZIEREN.
MACHE DANACH EINEN HAKEN
INS KÄSTCHEN UND SCHREIBE
DAS DATUM DAZU.
BENUTZE DEN DICKEN FILZSTIFT.

Mache e

ine Pause

IN 80 TAGEN UM DIE WELT
von KÖLN aus

BASTEL EIN SCHIFFCHEN AUS DER SEITE
UND SCHICKE ES DEN RHEIN RUNTER.

GIB DEM SCHIFFCHEN EINEN
SCHÖNEN NAMEN.

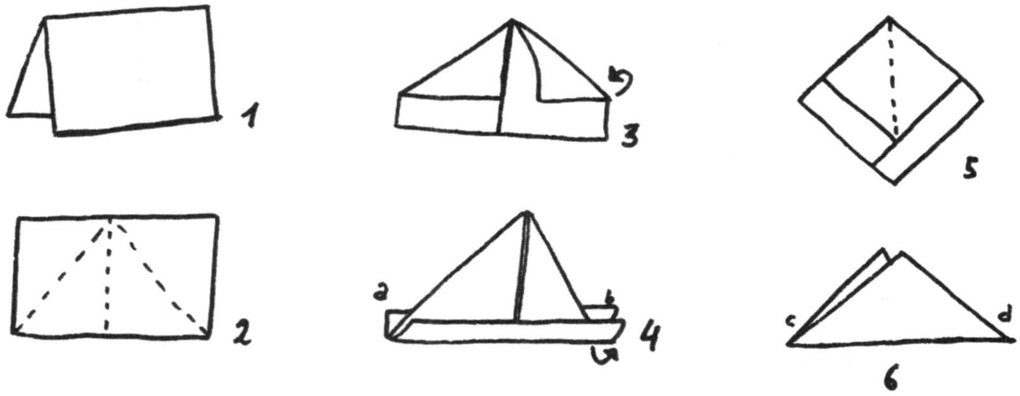

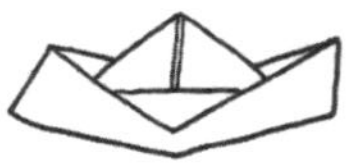

BOOT BAUSEITE

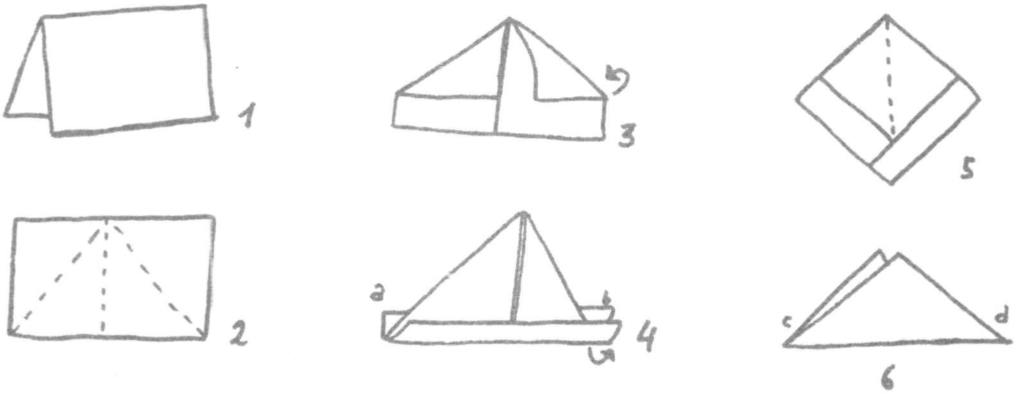

BOOT BAUSEITE

SELBSTPORTRÄT

MALE EINEN ECHTEN

Picasso

IM MUSEUM LUDWIG
HÄNGT EINER.

HOL' DIR
INSPIRATION.

VORLAGE BIST DU

KÖLSCHE TYPOGRAPHIE

ZEICHNE EIN K, Ö, L, N
WIEDERHOLE DAS BIS DIE
SEITE SCHÖN IST...
...ABER KEIN BUCHSTABE
DARF DEM ANDEREN ÄHNELN.

SIEHST DU ES?

MACHE DAS BILD FERTIG.

WAS SIEHST DU IN DEN KLECKSEN?

De Halve Hahn

GENIEẞE DIE KÖLSCHE, KULINARISCHE *Tradition.*

MALE DAZU EIN KÄSEBRÖTCHEN…

ODER VERGESSE HIER EINE SCHEIBE KÄSE ÜBER NACHT

…*ihhh!*

ET JITT KEI WOOD, DAT SAGE KÜNNT,
WAT ICH FÖHL, WENN ICH AN........DENK

OH, OH, OH

WENN ICH AN MING...........DENK!"

ET JITT KEI WOOD

LERNE DEN REFRAIN DES CAT-BALLOU-SONGS AUSWENDIG...

...UND FÜLLE DEN LÜCKENTEXT, ES WIRD IM KARNEVAL HELFEN.

KLO-TÜR-KUNST

MALE UND LASSE KRITZELEIEN ANFERTIGEN. INSPIRATION FINDEST DU z.B. IN DER LOTTA BAR

HAKEN DRAN II

HIMMEL UN ÄD MIT FLÖNZ

TRAUST DU DICH, DAS KÖSTLICHE KÖLNER GERICHT ZU KOSTEN?

MACH' EINEN HAKEN DRAN ;)

✔

DATUM

- - - - - - - - - - - -

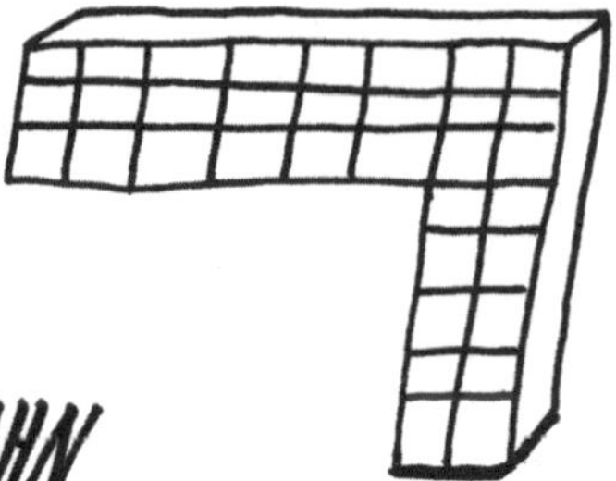

KRAN-HAUS-WAHN

MALE DIE BERÜHMTEN KÖLNER KRANHÄUSER.

MAN SAGT, POLDI HAT HIER 'NE BUDE. KANNST JA MAL FRAGEN, OB ER RAUS-KOMMT ZUM SPIELEN. :)

V.I.B.

LASS' DICH MIT DEM BUCH ABMALEN ODER FOTOGRAFIEREN.
KLEBE DAS ERGEBNIS HIER EIN UND SAMMLE **LIKES** AUF FACEBOOK.

LASSE EIN
ÜBER DIES
FAHREN
TRAGE DA
EIN.

PLATT

AUTO

SE SEITE

S DATUM

STEINFLIP-MEISTERSCHAFT

AM RHEINUFER ODER IM PARK MIT SEE

Suche Dir mindestens

2 Mitstreiter

und werde Kölner

Steinflip-Meister

TRAGE DAS ERGEBNIS EIN.

NAME	WURF 1	WURF 2	WURF 3	WURF 4	WURF 5

NEE, DA GIBT'S KEIN' AUFZUG. STEIGE AUF DEN DOM. KLEBE EINEN BEWEIS AUF DIE SEITE.

MEIN(E) PROFIL(E)

HINTERLASSE SPUREN.
FAHRE MIT DEM
FAHRRAD ÜBER DIESE SEITE
... SO OFT DU WILLST.

fig. 1

GÄSTEBUCH
LASSE DEINE FREUNDE
SICH HIER VEREWIGEN...
... AUF KÖLSCH...
EGAL, OB SIE ES KÖNNEN

HAUSAUFGABEN

DINGE, DIE MAN TUN KANN, OHNE DAS HAUS ZU VERLASSEN.

Vervollständige die Liste.

AUS DEM FENSTER GUCKEN

KAKAO TRINKEN

TELEFONSTREICHE SPIELEN

Drecksauarschloch Hundesohn

MACH DEN POLKE

SAMMLE SCHIMPFWÖRTER

Schreibe sie auf
~ das große Schimpfworttuch ~

WELCHE KENNEN DEINE FREUNDE?

<u>THE WALKING DEAD</u>

GEHE SPAZIEREN. DOKUMENTIERE DEINEN AUSFLUG MIT WAS GEFUNDENEM.
KANN AUCH EIN <u>GRAS</u>HALM SEIN. SCHREIBE AUCH ORT & DATUM & UHRZEIT DAZU.

Auf Brüderschaft

Trinke einen Shot Flimm.
Gib der Seite auch einen aus.
Und Datum bitte.

FLIMM
QUALITÄTS
ERZEUGNIS
17% vol
1 Liter
Wald
Meister
11
HAUSE KABÄNES
FLIMM SPIRITUOSEN
EINFACH ÜBER DIE FLIMM-FLASCHE KIPPEN

DIE WAHREN GESICHTER

LASSE DEINE FREUNDE IHRE GESICHTER HIER REINMALEN.

KEINE ANGST, MUSS NICHT FOTOREALISTISCH SEIN :)

The world known

HOT SPOT *of Life Jazz*

PAPA JOE'S

BESUCHE DAS PAPA JOE'S UND ERWEITERE
DEINEN MUSIK-HORIZONT.
GIB DEM KÜNSTLER EIN STRECKES AUS.
UND TAUSCHE GEGEN EINE PERSÖNLICHE WIDMUNG.

UNTER DEM SAXOPHON

WIDMUNG

Rut un wiess
wie lieb ich dich

Lasse die Seite in
rot & weiß
erstrahlen. Wie?
Sei kreativ!

KLUGSCHEIßER

FINDE HERAUS, WARUM ROT UN WIEß DIE FARBEN KÖLNS SIND.

ODER LASSE DIR SELBST EINE HAARSTRÄUBENDE GESCHICHTE EINFALLEN.

9. MÄRZ · 7° DIE SONNE SCHEINT · EUPHORISCH, ABER MEINE HAND TUT WEH.

EIN-TAGES-TAGEBUCH

SCHREIBE DATUM,
TEMPERATUR,
WETTER
UND DEINE EIGENE
GEFÜHLSLAGE AUF.

GENAU JETZT :)

Animalisch

Male Tire aus dem Kölner Zoo

... oder nur eines in groß.

Vorsicht mit Löwen.

Was denn...? Du willst nicht
in den Zoo?
Dann male das gefährliche
Dönertier.

PAPIER IST PAPIER

KEIN ZETTEL ZUR HAND?
NIMM IMMER, WENN
SOWAS PASSIERT, EIN
STÜCK DIESER SEITE!

→

ALTPAPIER
TRAU DICH

DENK DIR SELBST EINE AUFGABE AUS

HEY KÖLLE, DU BES E JEFÖHL

WELCHE GEFÜHLE HAST DU, WENN DU AN KÖLN DENKST?

SAMMLE AUCH DIE GEFÜHLE ANDERER

Schnipp Kick

Schieße ein Tor mit einem 10ct Stück.

DIE 10ct MÜSSEN IM TOR LIEGENBLEIBEN

Mache ein Tunier mit Deinen Freunden.

Jeder hat 10 Schuss.
Der Gewinner bekommt die 10ct.

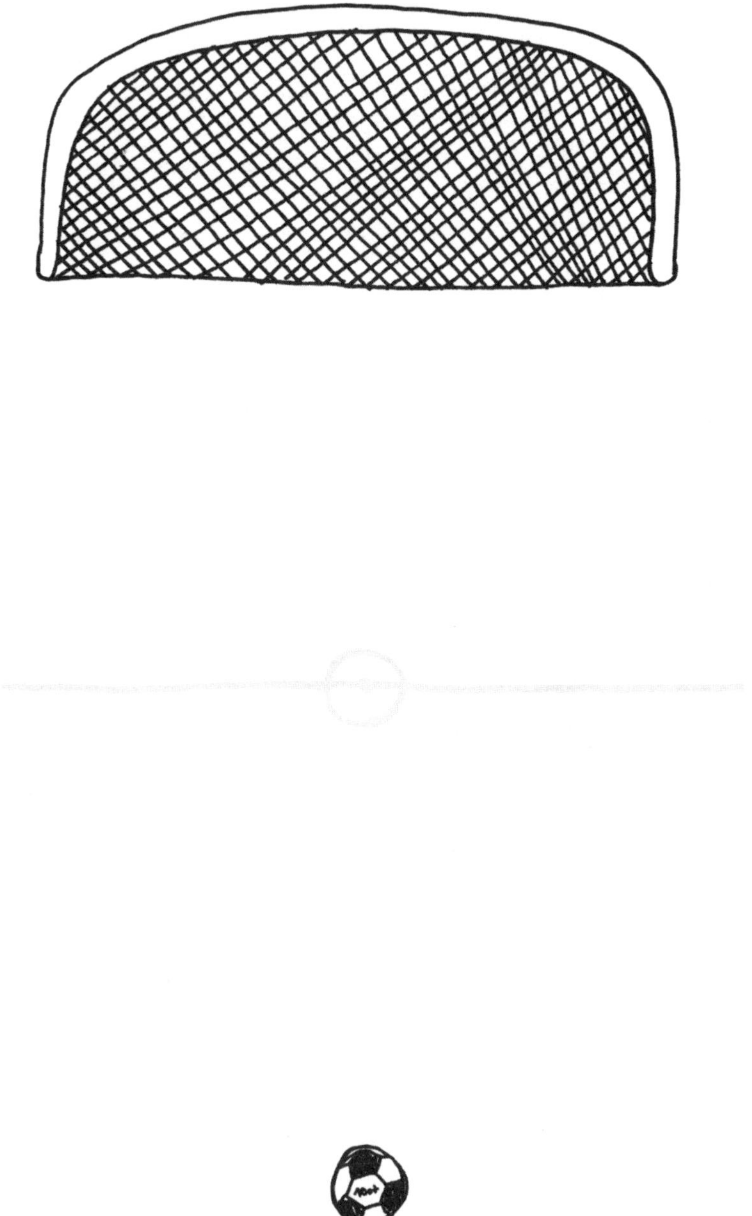

MACH NEU

VERPASSE DEM STADTWAPPEN
EINEN NEUEN ANSTRICH! :)
IN DEINEN LIEBLINGSFARBEN.

Ming
KÖLLE

KAMELLE

MALE

GEFÄHRLICHE

SÜßIGKEITEN
ÜBERALL HIN

THE VOICE OF COLOGNE

Lege Dich zum Sonnen
an den Aachener Weiher
und schreibe mit, was
die Leute sich so erzählen.

BLA BLA BLA

HUGS FOR FREE

VERTEILE UMARMUNGEN. DOKUMENTIERE SIE.
VERWANDTSCHAFT ZÄHLT NICHT.

UMARMTER MENSCH

DATUM

ORT

UMARMTER MENSCH

DATUM

ORT

UMARMTER MENSCH

DATUM

ORT

GIB DEINEN SENF DAZU

KLECKSE HIER EINE
GESCHMACKSPROBE REIN :)

IM SENFMUSEUM AM RHEIN
SIND DIE KOSTENLOS :)

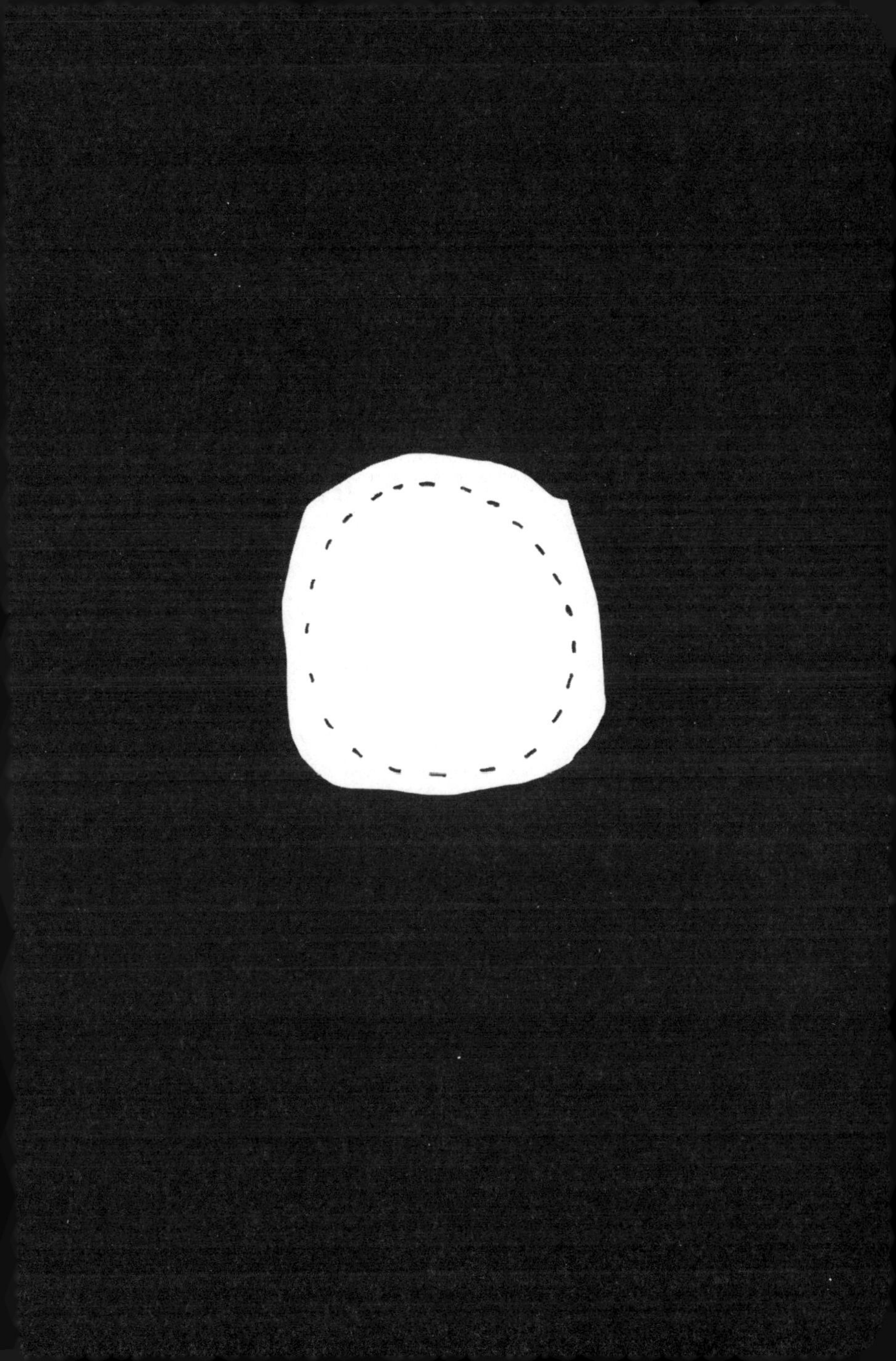

KÖLLE, EIN TRAUM

SCHREIBE DEINEN LETZTEN TRAUM AUF UND LASS' IHN VON EINEM FREUND ODER EINER FREUNDIN DEUTEN. ODER... KRITZLE DEN FREUD IN DIR HERVOR.

DER DÜSSELDORFER KÜNSTLER
JÖRG IMMENDORFF SPRAYTE
IN DEN 1970er-JAHREN
„KÖLN IST EIN ARSCHLOCH"
AUF DIE KUNSTHALLE.

DÜSSELDORF. HA HA.

SCHREIBE DAS KÖLNER
PENDANT IN GROßEN
LETTERN AUF DIE SEITE

Viva la Revolution

SCHNEIDE DIE BUCHSTABEN

R E V O L U T I O N

AUS VERSCHIEDENEN KÖLNER TAGESZEITUNGEN AUS...

... UND KLEBE SIE REVOLUTIONÄR AUF DIE SEITE

MACH DEN LACHS SCHÖN

MALE DEM LACHS SCHUPPEN.

INFO: IN KÖLN GALT DER LACHS FRÜHER ALS „ARME-LEUTE-ESSEN."
DER RHEIN WAR SCHLIEßLICH VOLL DAVON.

Eine gute Tat

Vollbringe eine gute Tat

DOKUMENTIERE SIE.

WAS'N DAT FÜR'N TYP?

DER PLATZJABBEK AM RATHAUS. FINDEST DU SEINE GESCHICHTE RAUS?

MALE IHM SEINEN BART.

FRISCH GESTRICHEN

KLEBE DAS SCHILD AUF EINE PARK BANK UND MACHE EIN VIDEO VON DEN REAKTIONEN DER PASSANTEN. LADE DANN DAS GUERILLA WERK HOCH.

NICHT FRISCH

GESTRICHEN

INSIDER TIPPS

FRAGE ANDERE KÖLNER NACH IHREN GEHEIMTIPPS. SCHREIBE SIE AUF.

Friedensflieger

Bastel ein Flugzeug aus der Seite. Schreibe eine Friedensbotschaft drauf und lasse es fliegen.

Vielleicht vom Dom?

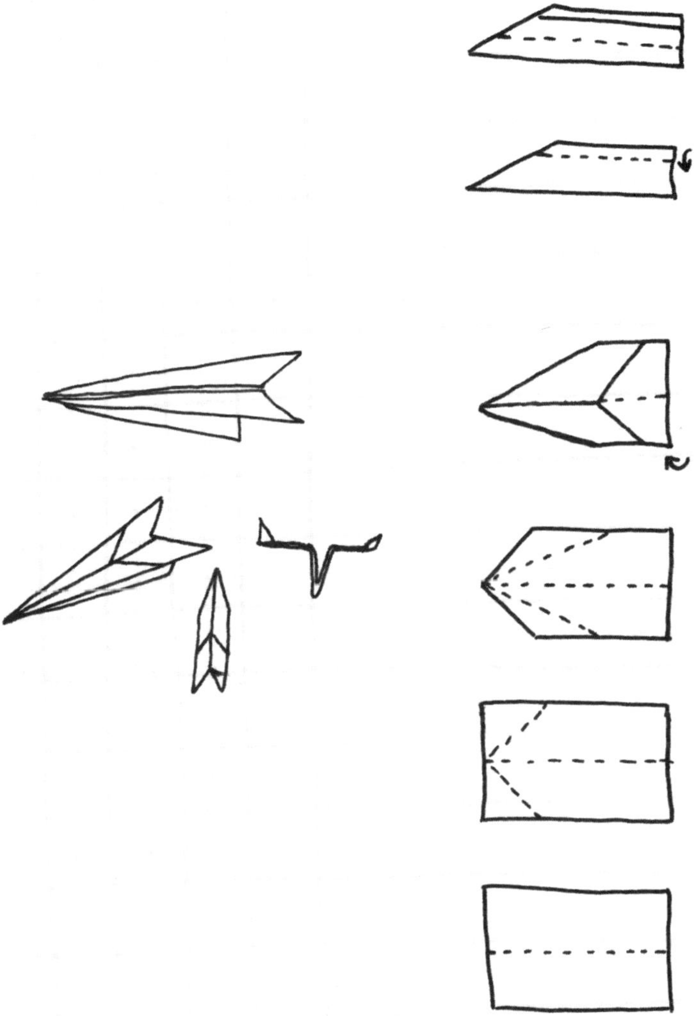

ANTIK

Lasse die Seite
künstlich altern,
indem DU ihr Charakter
einbügelst, bis sie
braun wird.

(oder lass DIR was anderes einfallen, falls kein Bügeleisen zur Hand ist.)

SIEHT AUS WIE EIN MONDRIAN

MALE DIE SEITE VOLL MIT ROHREN.
MALE EIN PAAR FLÄCHEN AUS.
NEHME ROT, GELB, BLAU.

INFO: DAS BAYENTHALER PUMPWERK
ÄNDERT DIE FARBE JE NACH
WASSERSTAND.

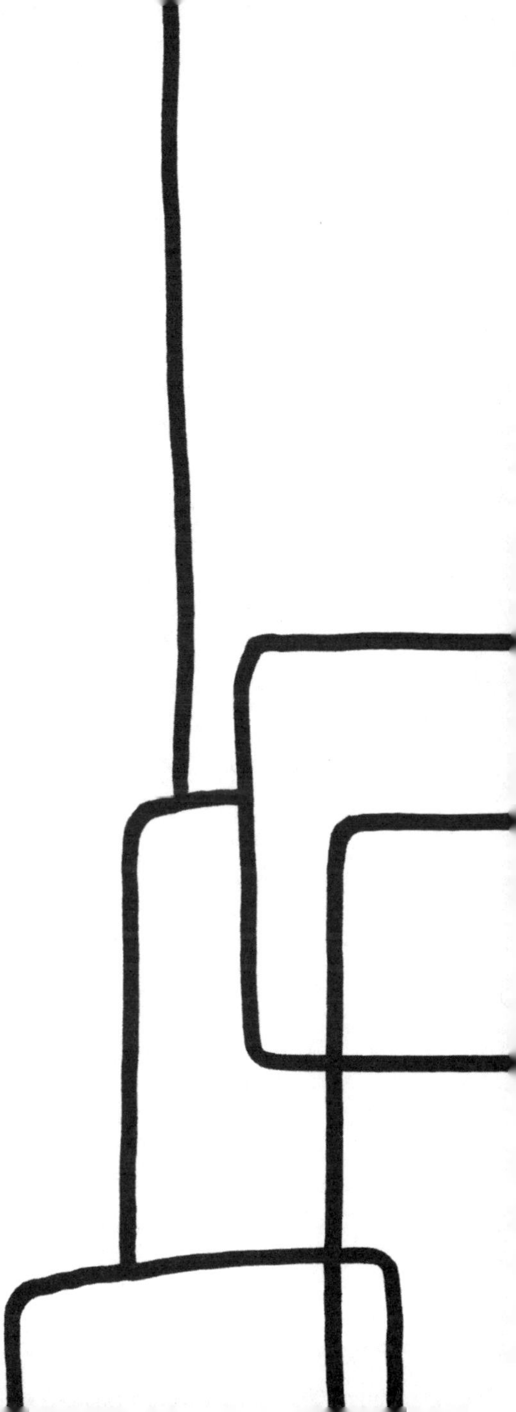

GLÜCKSKEKSZETTEL

SEI EINE GLÜCKSFEE UND HINTERLASSE DIE ZETTEL IN DER U-BAHN, IM TAXI, IN DER KNEIPE.

WER FRAGT, IST EIN NARR FÜR 5 MINUTEN.
WER NICHT FRAGT, BLEIBT NARR EIN LEBEN LANG.

ES BEGINNT EIN GROßES ABENTEUER.

EIN GROßER MENSCH IST, WER SEIN KINDERHERZ NICHT VERLIERT.

EINFACHHEIT IST DAS RESULTAT VON REIFE.

ET HÄTT NOCH IMMER JOT JEJANGE.

FÜR 'NEN REGENBOGEN MUSST DU REGEN AKZEPTIEREN.

DU FINDEST DIE GROßE LIEBE.
EIN KLEINER ZETTEL WIRD DEIN LEBEN VERÄNDERN.

DU GEHST AUF EINE GROßE REISE.

RUF DOCH MAL AN ______________

POP ART

AM NEUMARKT

FINDEST DU DIE EISTÜTE AUF EINEM DER DÄCHER?

ESSE EIN EIS. STECKE DEINEN FINGER IN JEDE SORTE UND MACHE EINEN EIS-FINGER-ABDRUCK.

SCHREIBE DARUNTER, WAS ES WAR.

FREMDER GRUß

WERFE DIESE POSTKARTE IN EINEN FREMDEN BRIEFKASTEN. SCHREIBE EINEN NETTEN GRUß DAZU.

MALE WAS HERZERWÄRMENDES VORNE AUF DIE KARTE.

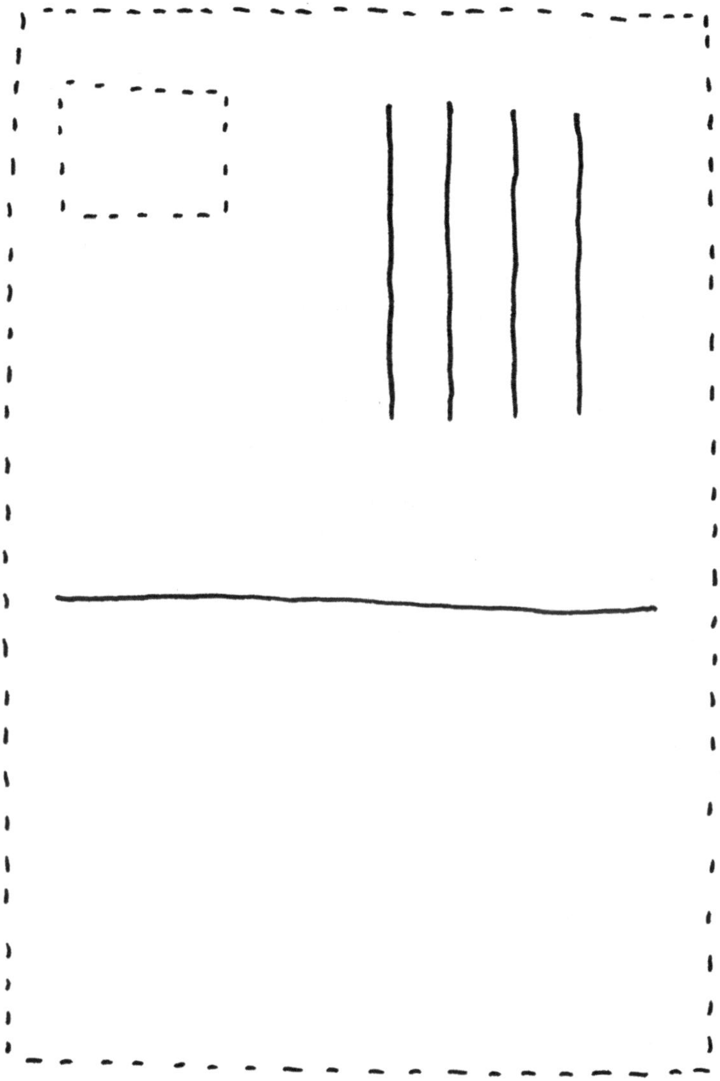

KULTURSTREBER

Gehe ins Theater und schreibe die besten Sätze mit.

HAKEN DRAN III

GIB JEMANDEM EIN BIER AUS.
MACH 'N HAKEN DRAN.

ORT DATUM UHRZEIT

LASS' ES DIR QUITTIEREN

KÖLNER ORIGINAL

DE KÖLSCHE JUNG HÄT NOCH EMMER SPAß VERSTONN…

EINMAL ORDENTLICH AUFHÜBSCHEN BITTE

… UND SCHNAPS, DAS WAR SEIN LETZTES WORT

WILLY MILLOWITSCH
1909 – 1999

Wahre Kunst

Lasse ein Kind ein Köln-Bild malen.

Es muss auch signieren.

„ALS KIND IST JEDER EIN KÜNSTLER,
ES IST NUR SCHWIERIG ALS ERWACHSENER EINER ZU BLEIBEN"

PICASSO 1881 - 1973

BLINDE KUH

MALE EINES DER KÖLNER HÜSSJE AM FISCHMARKT MIT AUGEN ZU.

EIN FISCH NAMENS ...

... MANCHMAL IST ER FRECH UND BEWEGT SICH NICHT. MALE EINEN FISCH INS GLAS UND GIB IHM EINEN SCHÖNEN NAMEN.

1	2	3	4
	MY MARATHON GEHE VON MÜLHEIM IN DIE SÜDSTADT ODER ANDERS 'RUM. TRAGE NAMEN ZEIT UND DATUM IN DIE URKUNDE EIN.		

URKUNDE

\- - - - - - - - - - - -

HAT IN BESTZEIT DEN

VEEDEL-MARATHON

ABSOLVIERT.

TIME ____________

Köln, den __________

URKUNDE AUSSCHNEIDEN UND ÜBERS BETT HÄNGEN:

URKUNDE

Seelenschmeichler
Lasse einen lieben Menschen
etwas über Dich schreiben.

KOHLE HER

KÖLNER LIEBEN ES, ZU GRILLEN.
MALE ETWAS BEIM GRILLEN
IM PARK ODER BEI FREUNDEN.

BENUTZE GRILLKOHLE. ♥

WENN DU MAGST, KOLORIERE
MIT SAUCE.

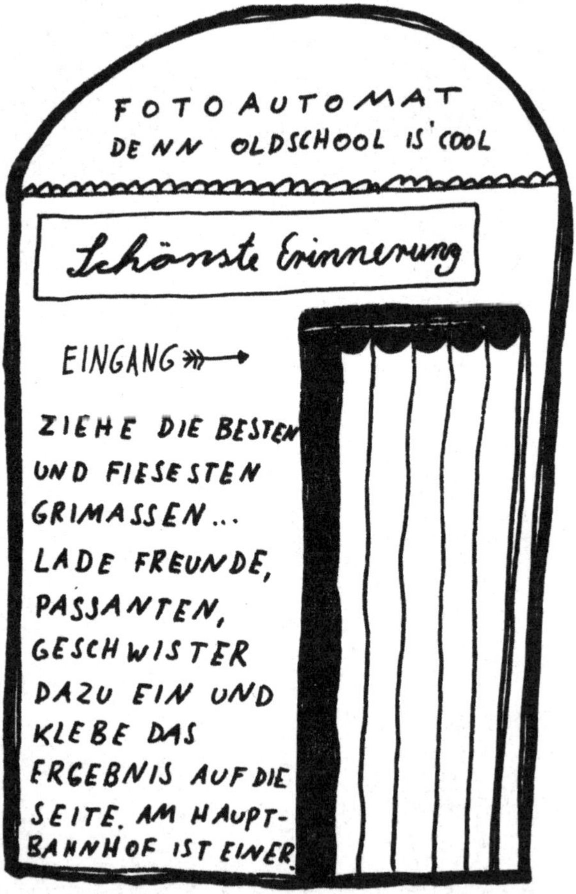
FOTOAUTOMAT
DENN OLDSCHOOL IS' COOL
Schönste Erinnerung
EINGANG
ZIEHE DIE BESTEN UND FIESESTEN GRIMASSEN...
LADE FREUNDE, PASSANTEN, GESCHWISTER DAZU EIN UND KLEBE DAS ERGEBNIS AUF DIE SEITE. AM HAUPTBAHNHOF IST EINER.

IM CAFÉ

DATUM ORT ZEIT

WIE VIELE SINGLES BEFINDEN SICH IM RAUM? ___

WIE VIELE PAARE? ___ WIE VIELE KINDER? ___

IST DIE GRUNDSTIMMUNG IM RAUM POSITIV? ___

SCHEINT DIE SONNE? J☐ N☐ IST WOCHENENDE? J☐ N☐

SIND TIERE IM RAUM? JA☐ NEIN☐ WELCHE?

WIE VIELE PERSONEN SIND BLOND? ___

BRÜNETT? ___ ROTHAARIG? ___ HAARLOS? ___

SCHWARZHAARIG? ___ GEFÄRBT? ___ GRAU? ___

WIE VIELE SIND TÄTOWIERT? ___

WIE VIELE BESCHÄFTIGEN SICH MIT IHREM HANDY? ___

WIE VIELE SEHEN GLÜCKLICH AUS? ___ NEUTRAL? ___

UNGLÜCKLICH? ___ GELANGWEILT? ___

WIE VIELE WÜRDEST DU KENNENLERNEN WOLLEN? ___

WARST DU SCHON MAL HIER? JA☐ NEIN☐
WÜRDEST DU WIEDERKOMMEN? JA☐ NEIN☐
WAS TRINKST DU? ______
WIE VIELE MÄNNLICHE GÄSTE SIEHST DU?
WIE VIELE WEIBLICHE GÄSTE SIEHST DU? ______
IN WELCHEM VEEDEL BEFINDEST DU DICH? ______
BIST DU ALLEIN ODER IN BEGLEITUNG?
☐ JA. ICH GENIEßE DIE RUHE.
☐ NEIN. ______ IST/SIND AUCH DA.
SIEHST DU DEINE LIEBLINGSFARBE? JA☐ NEIN☐
WELCHE GERÜCHE NIMMST DU WAHR?
______

KÖLNER GONDELSPAß

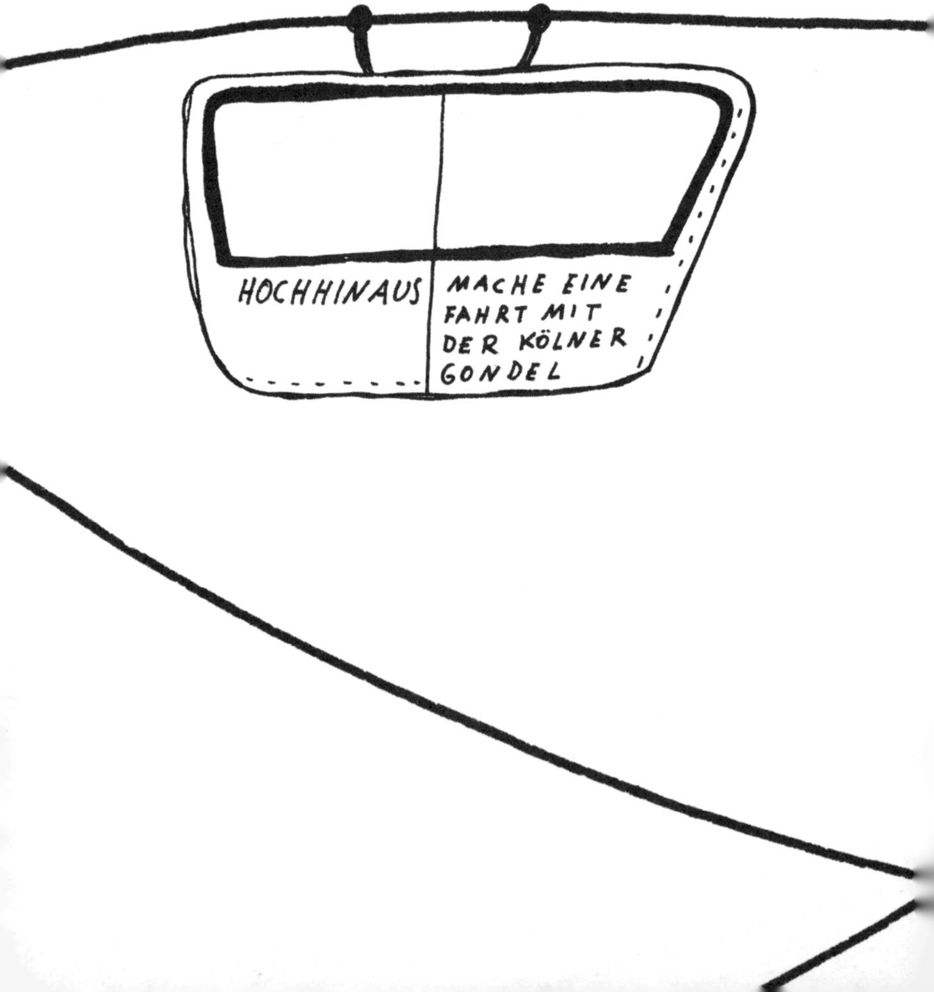

KLEBE DEN BELEG
ALS BEWEIS AUF
DIE SEITE

The End

MALE FILMREIFE - THE ENDs -

... ÜBERALL HIERHIN ...

DEIN IMPRESSUM

ANGEFANGEN AM

VON

BENUTZTE MATERIALIEN

BEENDET AM

IMPRESSUM

1. AUFLAGE 2017

KONZEPT, TEXT UND ILLUSTRATION
BJÖRN STEINMETZLER

KONZEPT UND PROJEKTLEITUNG
C. C. SCHMID, CAROLIN SCHMID

LEKTORAT
JENS BEY

PRINTED IN GERMANY